SV

PAUL CELAN

EINGEDUNKELT

UND GEDICHTE
AUS DEM UMKREIS VON
EINGEDUNKELT

Herausgegeben von
Bertrand Badiou
und Jean-Claude Rambach

SUHRKAMP VERLAG

Erste Auflage 1991

Hinweise zu den einzelnen Texten
am Schluß des Bandes
Satz und Druck:
MZ-Verlagsdruckerei GmbH, 8940 Memmingen
Printed in Germany

EINGEDUNKELT

Bedenkenlos,
den Vernebelungen zuwider,
glüht sich der hängende Leuchter
nach unten, zu uns

Vielarmiger Brand,
sucht jetzt sein Eisen, hört,
woher, aus Menschenhautnähe,
ein Zischen,

findet,
verliert,

schroff
liest sich, minutenlang,
die schwere,
schimmernde
Weisung.

Nach dem Lichtverzicht:
der vom Botengang helle,
hallende Tag.

Die blühselige Botschaft,
schriller und schriller,
findet zum blutenden Ohr.

DEUTLICH, weithin, das offne
Umklammerungszeichen,

Entlassen die Liebenden,
auch aus der Ulmwurzel-Haft,

Schwarz-
züngiges, reif, am Sterben,
wird abermals laut, Beglänztes
rückt näher.

Vom Hochseil herab-
gezwungen, ermißt du,
was zu gewärtigen ist
von soviel Gaben,

Käsig-weißes Gesicht
dessen, der über uns herfällt,

Setz die Leuchtzeiger ein, die Leucht-
ziffern,

Sogleich, nach Menschenart,
mischt sich das Dunkel hinzu,
das du herauserkennst

aus all diesen
unbußfertigen, unbotmäßigen
Spielen.

Über die Köpfe
hinweggewuchtet
das Zeichen, traumstark entbrannt
am Ort, den es nannte.

Jetzt:
Mit dem Sandblatt winken,
bis der Himmel
raucht.

Wirfst du
den beschrifteten
Ankerstein aus?

Mich hält hier nichts,

nicht die Nacht der Lebendigen,
nicht die Nacht der Unbändigen,
nicht die Nacht der Wendigen,

Komm, wälz mit mir den Türstein
vors Unbezwungene Zelt.

Angefochtener Stein,
grüngrau, entlassen
ins Enge.

Enthökerte Glutmonde
leuchten
das Kleinstück Welt aus:

das also warst du
auch.

In den Gedächtnislücken
stehn die eigenmächtigen Kerzen
und sprechen Gewalt zu.

Eingedunkelt
die Schlüsselgewalt.
Der Stoßzahn regiert,
von der Kreidespur her,
gegen die Welt-
sekunde.

Füll die Ödnis in die Augensäcke,
den Opferruf, die Salzflut,

komm mit mir zu Atem
und drüber hinaus.

EINBRUCH des Ungeschiedenen
in deine Sprache,
Nachtglast,

Sperrzauber, stärker.

Von fremdem, hohem
Flutgang unterwaschen
dieses
Leben.

Mit uns, den
Umhergeworfenen, dennoch
Fahrenden:

der eine
unversehrte,
nicht usurpierbare,
aufständische
Gram.

GEDICHTE
AUS DEM UMKREIS
VON EINGEDUNKELT

FÜLL DIE ÖDNIS in die Augensäcke,
den Opferruf, die Salzflut –,

Komm mit mir zu Atem
und drüber hinaus.

Einbruch des Ungeschiedenen
in deine Sprache,
Nachtglast,

Sperrzauber, gegen-
wirkend.

Von fremdem, hohem
Flutgang unterwaschen
dieses
Leben.

Mit uns, den
Umhergeworfenen, dennoch
Fahrenden:

der eine
unversehrte,
nicht usurpierbare,
aufständische
Gram.

Notgesang der Gedanken
von einem Gefühl her,

das hat
der wachgesungenen
Namen nicht viele,

stachlig,
so, unverkennbar,
aus dem Hartlaubgebüsch,
steht es mit ihnen hervor, dir
entgegen,

stachlig.

Es geht ein kleines Sterben
umher, umher

ZEITLÜCKE, unterhalb
der drei Zirren,
sibyllengrau, silbrig,

Enthimmeltes, rund
um die Boje des Schwimmenden,
Ersten,

Zeitlücke, wieder,
am selben Ort, da,
wohin die Ortlosigkeiten,
die dunkelstimmigen,
dich betten kommen
in lauter zerschlissenes
Fahnen-Vorbei,

Der Nächste und Dritte:
bekrönt mit
Rebellen-Tand
und scheppernden
Narrenschellen,
Weisenschellen.

Oder es kommt
der türkische Flieder gegangen
und erfragt sich
mehr als nur Duft.

Mit dem rotierenden
Sehklumpen stößt du zusammen,
bei Eisfeuerschein:

Erblickt, erblickt! – Durchstoßen, –

Du weißt,
daß geschrien wird, auch
an deiner Statt,

Mehr als das
zu wissen, steht dir nicht zu,
das Spiel geht weiter,

es wälzt sich
durch die erste beste
Buchstabenöffnung

und meldet ungehört
Gewinn und Verlust.

Das Narbenwahre, verhakt
ins Äußerste, nicht zu
Entwirrende,

Längst ist der Schautanz getanzt,
der schwergemünzte,
hier, in der Einfahrt,
wo alles noch einmal geschieht,

endlich,
heftig,
längst.

Nach dem Lichtverzicht:
der vom Botengang helle,
hallende Tag.

Die blühselige Botschaft,
schriller und schriller,
findet zum blutenden Ohr.

DEUTLICH, WEITHIN, das offne
Umklammerungszeichen,

Entlassen die Liebenden
aus der Ulmwurzel-Haft,

Schwarz-
züngiges, reif, am Sterben,
wird abermals laut, Beglänztes
rückt näher.

Wirfst du
den beschrifteten Ankerstein aus?

Mich hält hier nichts,

nicht die Nacht der Lebendigen,
nicht die Nacht der Unbändigen,
nicht die Nacht der Unendlichen,

Komm, wälz mit mir den Türstein
vors Unbezwungene Zelt.

Über die Köpfe hinweg-
gewuchtet das Zeichen,
traumstark entbrannt
am Ort, den es nannte.

Jetzt:
mit dem Sandblatt winken,
bis der Himmel
raucht.

DAS SEIL, zwischen zwei
Köpfe gespannt, hoch oben,
langt, auch mit deinen Händen,
nach dem Ewigen Draußen,

das Seil
soll jetzt singen – es singt.

Ein Ton
reißt an den Siegeln,
die du erbrichst.

VOM HOCHSEIL HERAB-
gezwungen, ermiß nun,
was zu gewärtigen ist
von all diesen Gaben.

Käsiges Königsgesicht
dessen, der, all das im Arm,
über uns herfällt.

Setz du die Leuchtzeiger ein, die Leucht-
ziffern, jetzt, –

Sogleich mischt sich das Dunkel hinzu,
das du herauserkennst

aus allen diesen
unbotmäßigen,
halben
Spielen.

BEDENKENLOS,
den Vernebelungen zum Trotz,
glüht Sterniges sich
nach unten, zu uns, einen Weg:

Vielarmiger Brand
sucht jetzt sein Eisen, hört,
woher, aus Menschenhautnähe,
ein Zischen –,

findet,
verliert,

schroff,
so liest sich, minutenlang,
die schwere
schimmernde
Weisung.

MIT SEETANG-GESCHMEIDE GEFESSELT.

Die Anrufungen, alle, freigetrunken,
die kämpferischen Klagelaute, – freigelauscht.

Hier herrscht die Ertrunkene Kette.

Den schmalsten Schultern aufgeladen,
die übrige Dämmerfracht.

Du hier und du, ihr sollt bleiben:

Es ist euch
noch Anderes zugedacht,
und auch die Klage
will in die Klage
will in sich zurück.

Die leere Mitte, der wir singen halfen,
als sie nach oben stand, hell,

als sie die Brote vorbeiließ, gesäuert und ungesäuert,

von Rotem umdunkelt, von Andrem,
von Fragen, dir folgend,

seit langem.

Das am Gluteisen hier
vorbeigedolmetschte Drüben:

So leicht, von Lobgesängen,
wird unsereins nicht satt.

Von sechs Funken her
gesteuerte Härten
kommen. Und kein

Nebenbei.

Erlisch nicht ganz – wie andere es taten
vor dir, vor mir,

das Haus, nach dem Knospenregen,
nach der
Umarmung,
weitet sich über uns aus,
während der Stein
festwächst,

ein Leuchter, groß und allein,
taucht hinzu,
erkennt,
als die Schale, ganz aus Porphyr,
aufbricht, wie
es von Verborgenem
wimmelt, unabwendbar,

erfährt,
wo die offenen Augen jetzt stehn,
morgens, mittags, abends, nachts.

WILDNISSE, den Tagen um uns einverwoben.

Alleingängerisch, wieder
und wieder, rauscht,
über die Meldetürme hinweg,
eines großen weißen Vogels
rechte Schwinge
hinzu.

Schreib dich nicht
zwischen die Welten,

komm auf gegen
der Bedeutungen Vielfalt,

vertrau der Tränenspur
und lerne leben.

DER GEIST, FLÜSSIG,
angesammelt, wie Wasser,
in den Bechern am Weltrand.
Dorthin, in Polar-
kappennähe verwiesen,
der rauchige Steinschild, der aufklingt.

Sichtbar, gleichen
Namens, noch immer,
die Erde und die ihr
zufallende, weit-
äugige Großstern-
Masse.

WEIHGÜSSE, zur Nacht,
aus der Tiefe gespaltener,
lehmiger Hände gespendet –

Unterm abgesonderten Licht:
der für immer entstiegene,
flüchtig aufscheinende
Gott,

dem ein Teil deiner selbst
huldigen kommt
in der Pause.

Die Zerstörungen? – Nein, weniger
als das, mehr
als das,

Es sind die Versäumnisse
mit den schwatzenden Ringel-
tauben an ihrem Rand,

Blick und Gehör, ineinandergewachsen,
erklettern die Kanzel
über der weithin in Streifen
zerschnittenen Grafschaft,

Eine Sprache
gebiert sich selbst,
mit jedem aus
den Automaten gespieenen
Gedicht oder dessen
kenntlich-unkenntlichen
Teilen.

Herbeigewehte mit dem voll
ausgefächerten Strandhafergruß,
ich werde nicht da sein,
wenn du das Rad der Beglückung schlägst, unterm
Himmel,
das himmelnde Rad,
dem ich aus unausdenkbarer Ferne
in die Naben greif,
ein Einsamer, schreibend.

LINDENBLÄTTRIGE Ohnmacht, der
Hinaufgestürzten
klirrender
Psalm.

* * *

Um dein Gesicht die Tiefen,
die Tiefen blau und grau,
das Singende, Gereifte –
du weiß-und-ungenau.

Der stufenlose Abgrund,
er tut sich selber auf –
Es kommt das Sink-und-sinke,
und erst zuletzt der Lauf.

Die Geierschnäbel brechen
sich von dir selber frei, –
Geräusche ihr, kaukasisch,
im Großen Einerlei.

Flüssiges Gold, in den Erd-
wunden erkennbar,
und du, wie soviel Münder, außen und innen
verrenkt zur Warnung
von Sinn- und Notspruch.

An den versiegelten, reifen
Schoten des Lippen-
blütlers – der Unbotmäßige, auch
hier horcht er sich durch.

ANGEFOCHTENER Stein,
grüngrau,
entlassen ins Enge.

Enthökerte Glutmonde
leuchten ein Kleinstück Welt aus:

das also warst du
auch.

In den Gedächtnislücken
stehen die eigenmächtigen Kerzen
und sprechen Gewalt zu.

EINGEDUNKELT
die Schlüsselgewalt.
Der Stoßzahn regiert,
von der Kreidespur her,
gegen die Welt-
sekunde.

Die Atemlosigkeiten des Denkens,
auch auf den Gletscherwiesen,
ohne Beweis.

Über den Großen Steinschild
stürzt ein Morgiger heim.

»Ihr Tiefgesenke
mit euren Trögen aus Lehm,
unterwegs.«

Rauhbrüchiges schabt
an Namen und Stimmen herum,
eine unverlierbare Nothand
brennt Sterniges ab.

Der durch nichts zu trübende Blick.

Einen Tod mehr als du
bin ich gestorben,
ja, einen mehr.

KANTIGE, schief-
gesichtige Sippe,
mit hellem Holz erspäht.

Dahergekraucht kommt sie,
durch Königsstaub.

Hier wohnen wir nicht.

Umdrängt jetzt
von Unverlierbarem,
groß und unverschwiegen: du.

Hör dich ein, sieh dich ein,
sprich dich ein.

Unterhöhlt
vom flutenden Schmerz,
seelenbitter,

inmitten des Worthörigen
steilgestellt, frei.

Die Schwingungen, die sich
noch einmal
bei uns
melden.

Vor Scham, vor Verzweiflung,
vor Selbst-
ekel fügst du dich ein,

sprachfern,
kommt das Unirdische, kippt
in sich zurück,

beim erdig Umher-
liegenden, bei
den Ulmenwurzeln
hebt es ein neues Gelaß aus,
ohne Geträum,

einmal, immer

Im Kreis, leer
daherreden gehört,
mit hündischem Laut
in einigen Pausen –

Sie höhnen dir nach, und du
mit Vorbedeutetem in der Kehle,
plumpen Mundes,
durchschwimmst die Schicksalsstrecke.

Der Schrei einer Blume
langt nach einem Dasein.

ANHANG

EDITORISCHES NACHWORT

Der aus elf Gedichten bestehende fragmentarische Zyklus »Eingedunkelt« von Paul Celan wurde erstmals 1968 innerhalb des Bandes der Bibliothek Suhrkamp mit dem Titel *Aus aufgegebenen Werken* veröffentlicht. Es handelt sich, wie Siegfried Unseld in seiner Vorbemerkung schreibt, um eine Sammlung »fragmentarischer Texte von Autoren des Suhrkamp Verlages, Texte, die ›aufgegeben‹, also nicht weitergeschrieben, nicht vollendet oder nicht veröffentlicht wurden«. Der Band enthält Texte von Samuel Beckett, Karl Krolow, Wolfgang Koeppen, Hans Erich Nossack, Peter Weiss, Uwe Johnson, Wolfgang Hildesheimer, Nelly Sachs, Paul Celan, Martin Walser. Aus den Anmerkungen des Herausgebers geht hervor, daß diese elf Gedichte von Paul Celan im Frühjahr 1966 entstanden sind und daß ihr Autor den größeren Teil der in diesem Zusammenhang entstandenen Gedichte vernichtet habe. Tatsächlich aber befindet sich im Nachlaß des Dichters ein Konvolut mit einer von ihm selbst zusammengestellten Sammlung; ein Konvolut, das weitaus mehr Gedichte enthält: die unter dem Titel »Eingedunkelt« erschienenen Gedichte wurden als Teil dieses aus mehr als 200 handschriftlichen Blättern bzw. Seiten (Gedichte, oft in mehreren Fassungen, Niederschriften und Textvarianten) bestehenden Konvoluts festgestellt. Die Gedichte entstanden in der Zeit zwischen Februar und Mai 1966, demnach in der Arbeitsendphase von *Fadensonnen*. Die Gedichte dieses Konvoluts, das aus einem Heft mit der Niederschrift der überarbeiteten Endfassungen von 26 Gedichten besteht, sowie aus einer Vielzahl loser Blätter

mit neun anderen Gedichten, teils in mehreren Fassungen, waren, wie auf einem Deckblatt notiert ist, »für das Nach-Fadensonnen-Poem« bestimmt. Es stellte sich heraus, daß sich – von den elf bereits publizierten Texten abgesehen – hier insgesamt 24 unveröffentlichte Gedichte befinden, davon 17 im Heft und sieben auf losen Blättern. Wie fast immer hat Paul Celan seine Gedichte datiert. Vom eigentlichen fragmentarischen Zyklus »Eingedunkelt« gibt es weder ein Typoskript noch ein Verzeichnis, wohl aber ein von Juli 1967 datiertes Titelblatt. Allerdings stimmt die nicht chronologische Reihenfolge der Gedichte des Heftes mit einem sich ebenfalls im Heft befindlichen Verzeichnis überein. Aus der Tatsache, daß das Verzeichnis das vollständigste und das spätestdatierte des gesamten Konvoluts ist, haben wir geschlossen, daß es sich um den Entwurf eines nie vollendeten Zyklus handeln könnte, der »Narbenwahr« (bzw. »Das Narbenwahre«), »Notgesang« oder »Wahngang« betitelt werden sollte, was aus mehreren Verzeichnis-Überschriften und aus einem als Titelblatt konzipiertem losen Deckblatt hervorgeht. Alle Gedichte aus dem 1968 veröffentlichten Zyklus »Eingedunkelt« gehören zu den Gedichten des Heftes; ausgenommen »Angefochtener Stein« und das Titel-Gedicht »Eingedunkelt«, die beide nur auf losen Blättern vorkommen. Die Sammlung – Heft und lose Blätter – bildet ein Ganzes, das, auch wenn die endgültige Gestalt nicht gefunden worden ist, dennoch eine eindeutige Kohärenz ergibt.
Lagen von einem Gedicht mehrere Fassungen vor, so war die – nur selten fehlende – Datierung maßgeblich. Die Möglichkeit des Vergleichs mit den vorangegangenen, mitunter zahlreichen Niederschriften war immer dann

höchst willkommen, wenn es Unsicherheiten in Lesart und Interpunktion gab.
Der vorliegende in drei Teilen gegliederte Band wird mit jenem aus elf Gedichten bestehenden fragmentarischen Zyklus »Eingedunkelt« eröffnet, den Paul Celan, wie erwähnt, zur Veröffentlichung freigab. In der zweiten Abteilung mit dem Titel »Gedichte aus dem Umkreis von ›Eingedunkelt‹« entsprechen Textgestalt und Reihenfolge den 26 Gedichten des Heftes. Schließlich besteht die dritte Abteilung (mit *** von der zweiten getrennt) aus den neun übrigen Gedichten, denjenigen also, die nur auf losen Blättern vorkommen und die wir chronologisch geordnet haben, da sie dem Konvolut lediglich beigelegt waren. Diese Abfolge führte zwangsläufig zur Wiederholung jener Gedichte aus »Eingedunkelt«, die hier einige kleine Varianten aufweisen.
Unsere Ausgabe strebt nicht danach, der historisch-kritischen Ausgabe zuvorzukommen; dieser bleiben die Wiedergabe sämtlicher Textvarianten sowie der ausführliche Kommentar vorbehalten. Wir möchten dem Leser die Chance geben, die auch uns gegeben wurde – vom Vorhandensein dieser Gedichte Kenntnis zu nehmen.

November 1990

Bertrand Badiou und Jean-Claude Rambach

ANMERKUNGEN

Die Angaben beziehen sich auf das sich im Nachlaß Paul Celans befindliche Konvolut, das aus einem Heft und aus losen Blättern besteht. Der Nachlaß befindet sich im Besitz der Deutschen Schillergesellschaft und ist im Deutschen Literaturarchiv im Schiller-Nationalmuseum in Marbach am Neckar untergebracht.

Eingedunkelt

5-17 Der fragmentarische Zyklus »Eingedunkelt«, 1968 erstmals innerhalb des Bandes der Bibliothek Suhrkamp *Aus aufgegebenen Werken* veröffentlicht, ist auch in Band III der *Gesammelten Werke* (Suhrkamp 1983) enthalten. Er besteht aus elf Gedichten.

Gedichte aus dem Umkreis von Eingedunkelt

In den Anmerkungen sowie im Inhaltsverzeichnis entspricht die Formulierung der Gedichtanfänge einem von Paul Celan selbst konzipierten Verzeichnis (siehe unser Nachwort). Daher kann es zu Nichtübereinstimmung mit den Gedichtanfängen im Text kommen.

21 »Füll die Ödnis«
Im Verzeichnis des Heftes datiert vom 31. 3. 66; die Abschrift im Heft (ohne Datum) entspricht einer Handschrift auf losem Blatt, die den Hinweis »Endgültige Fassung« und auch das Datum vom 31. 3. 66 trägt. Vgl. in: »Eingedunkelt«, S. 14, mit der Variante in Zeile 2: kein Gedankenstrich.

22 »Einbruch des Ungeschiedenen«
Im Verzeichnis datiert vom 31. 3. 66; die Abschrift im Heft (ohne Datum) entspricht einer Handschrift auf losem Blatt, die den Hinweis »Endgültige Fassung« und auch das Datum vom 31. 3. 66 trägt. Vgl. in: »Eingedunkelt«, S. 16, mit der Korrektur, Zeile 4: »Sperrzauber, stärker«; Zeile 5: »wirkend«, entfällt.

23 »Mit uns, den Umhergeworfenen«
Im Verzeichnis datiert vom 9. 4. 66; die Abschrift im Heft (vom 10. 4. 66) entspricht einer Handschrift auf losem Blatt, die den Hinweis »Endgültige Fassung« und auch das Datum vom 9. 4. 66 trägt. Vgl. in: »Eingedunkelt«, S. 17, unveränderte Wiedergabe.

24 »Notgesang«
Erstdruck. Im Verzeichnis datiert vom 9. 4. 66; die Abschrift im Heft (vom 10. 4. 66) entspricht einer Handschrift auf losem Blatt, die den Hinweis »Endgültige Fassung« und auch das Datum vom 9. 4. 66 trägt. Der Titel dieses Gedichtes, schrieb Paul Celan auf einer Gedichtliste, war »eventuell für den gesamten Zyklus« vorgesehen. Der Schlußpunkt steht nur auf einer einzigen Handschrift: sein Fehlen hier scheint bewußt zu sein.

25 »Zeitlücke«
Erstdruck. Im Verzeichnis datiert vom 9. 4. 66; die Abschrift im Heft (vom 10. 4. 66) entspricht einer Handschrift auf losem Blatt, die den Hinweis »Endgültige Fassung« und auch das Datum vom 9. 4. 66 trägt, sowie die Angabe: »(Kar)Freitag [getilgt], Samstag«.

26 »Oder es kommt«
Erstdruck. Im Verzeichnis datiert vom 10. 4. 66, jedoch weist dieses Datum auf eine Abschrift hin. Die Handschrift auf losem Blatt mit dem Hinweis »Endgültige Fassung« trägt die Datierung 8. 4. 66 und den Vermerk »ursprünglich 2. 8. 66 [sic; für 2. 4.] als Schlußstrophe von ›das [sic] Narbenwahre‹ konzipiert«.

27 »Mit dem rotierenden«
Erstdruck. Im Verzeichnis datiert vom 7. 4. 66; die Abschrift im Heft (vom 10. 4. 66) entspricht einer Handschrift auf losem Blatt, die den Hinweis »Endgültige Fassung« und auch das Datum vom 7. 4. 66 trägt. Allerdings war in dieser Niederschrift die vierte Strophe getilgt.

28 »Das Narbenwahre«
Erstdruck. Im Verzeichnis datiert vom 2. 4. 66; die Abschrift im Heft (vom 10. 4. 66) entspricht einer Handschrift auf losem Blatt, die den Hinweis »Endgültige Fassung« und auch das Datum vom 2. 4. 66 trägt. Allerdings stand in Zeile 7 »im Torweg« statt »in der Einfahrt« (getilgt). »Das Narbenwahre«, so hieß auch einer der für den Zyklus geplanten Titel.

29 »Nach dem Lichtverzicht«
Im Verzeichnis datiert vom 29. 2. 66 [sic]; 1966 war kein Schaltjahr! Die Abschrift im Heft (vom 10. 4. 66) entspricht einer Handschrift auf losem Blatt, die den Hinweis »Erste und endgültige Fassung« trägt, jedoch ist sie vom 31. 3. 66 datiert. Vgl. in: »Eingedunkelt«, S. 8, unveränderte Wiedergabe.

30 »Deutlich, weithin«
Im Verzeichnis datiert vom 29. 2. 66. Dieses Datum ist aber offensichtlich falsch, da 1966 kein Schaltjahr war, und da alle Handschriften auf losen Blättern, auch die mit dem Hinweis »Endgültige Fassung, ein für allemal« vom 29. 3. 66 datiert sind. Vgl. in: »Eingedunkelt«, S. 9, mit folgenden Korrekturen:
– der Titel beschränkt sich auf »Deutlich«
– Zeile 4: »auch aus der Ulmwurzel-Haft,«.

31 »Wirfst du«
Im Verzeichnis datiert vom 28. 3. 66; die Abschrift im Heft (vom 10. 4. 66) entspricht einer Handschrift auf losem Blatt vom 28. 3. 66, »der Unendlichen« in Zeile 6 ist eine spätere, vom 24. 4. 66 im Heft datierte Korrektur für »der Wendigen« (getilgt). Vgl. in: »Eingedunkelt«, S. 12, ohne diese Korrektur und mit einer neugestalteten ersten Strophe.

32 »Über die Köpfe hinweg-«
Im Verzeichnis datiert vom 28. 3. 66; die Abschrift im Heft (vom 10. 4. 66) entspricht einer Handschrift auf losem Blatt vom 28. 3. 66. Vgl. in: »Eingedunkelt«, S. 11, mit einer neugestalteten ersten Strophe und in Zeile 6 »Mit« statt »mit«.

33 »Das Seil, zwischen zwei«
Erstdruck. Im Verzeichnis datiert vom 6. 4. 66; die Abschrift im Heft (vom 10. 4. 66) entspricht einer Handschrift auf losem Blatt, die den Hinweis »Endgültige Fassung« trägt, jedoch das Datum vom 17. 4. 66.

34 »Vom Hochseil herab-«
Im Verzeichnis datiert vom 19. 4. 66; die Handschrift im Heft trägt den Hinweis »Endgültige Fassung« und das gleiche Datum. Vgl. in: »Eingedunkelt«, S. 10, zahlreiche Korrekturen:
– Der Titel beschränkt sich auf: »Vom Hochseil«
– in Zeile 2: »ermißt du« statt »ermiß nun«
– in Zeile 4: »soviel« statt »all diesen«; Komma statt Punkt
– die zweite Strophe ist in zwei Zeilen gestaltet
– Zeile 5: »Käsigweißes Gesicht«
– Zeile 6: »dessen, der über uns herfällt,«
– in Zeile 9: »jetzt, –« entfällt
– die vierte Strophe ist in drei Zeilen gestaltet
– in Zeile 10: Zufügung von »nach Menschenart,« hinter »Sogleich,«
– die fünfte Strophe ist in drei Zeilen gestaltet
– in Zeile 12: »all« statt »allen«
– in Zeile 13: Zufügung von »unbußfertigen,«
– in Zeile 14: »halben« entfällt.

35 »Bedenkenlos«
Ohne Datierung im Heft, weder im Verzeichnis noch in der Handschrift, mit dem Vermerk »wichtige Korrektur Zeile 3«: »Sterniges sich« statt »sich der hängende Leuchter« (getilgt). Eine andere Niederschrift auf losem Blatt ohne diese Korrektur trägt jedoch den Hinweis »Endgültige Fassung« und das Datum vom 8. 4. 66. Vgl. in: »Eingedunkelt«, S. 7, zahlreiche Korrekturen:
– in Zeile 2: »zuwider« statt »zum Trotz«
– Zeile 3: »glüht sich der hängende Leuchter«
– in Zeile 4: »einen Weg« entfällt, sowie Komma und Doppelpunkt

– in Zeile 5: zusätzliches Komma
– in Zeile 8: der Gedankenstrich entfällt
– in Zeile 11: das Komma entfällt
– in Zeile 12: »so« entfällt
– in Zeile 13: zusätzliches Komma.

36 »Mit Seetang-Geschmeide«
Erstdruck. Im Verzeichnis datiert vom 10. 4. 66; die späteste Abschrift im Heft (vom 15. 4. 66) entspricht einer Handschrift auf losem Blatt (vom 10. 4. 66), die den Hinweis »Endgültige Fassung« trägt. Allerdings stand »Vorher« am Anfang der Zeile 2 und die Zeile 11 »will in die Klage« kommt nur in der spätesten Abschrift vor.

37 »Die leere Mitte«
Erstdruck. Im Verzeichnis datiert vom 18. 4. 66; die Handschrift im Heft trägt den Hinweis »Endgültige Fassung« und das gleiche Datum.

38 »Das am Gluteisen hier«
Erstdruck. Im Verzeichnis datiert vom 18. 4. 66; die Handschrift im Heft trägt den Hinweis »Endgültige Fassung« und das gleiche Datum.

39 »Erlisch nicht ganz«
Erstdruck. Im Verzeichnis datiert vom 21. 4. 66; die Handschrift im Heft trägt den Hinweis »Endgültige Fassung« und das gleiche Datum.

40 »Wildnisse«
Erstdruck. Im Verzeichnis datiert vom 22. 4. 66; die Handschrift im Heft trägt das gleiche Datum.

41 »Schreib dich nicht«
Erstdruck. Im Verzeichnis datiert vom 24. 4. 66; die Handschrift im Heft trägt den Hinweis »Endgültige Fassung« und das gleiche Datum.

42 »Der Geist, flüssig«
Erstdruck. Im Verzeichnis datiert vom 25. 4. 66; die Handschrift im Heft trägt den Hinweis »Endgültige Fassung« und das gleiche Datum.

43 »Weihgüsse«
Erstdruck. Im Verzeichnis datiert vom 27. 4. 66; die Handschrift im Heft trägt den Hinweis »Endgültige Fassung« und das gleiche Datum.

44 »Die Zerstörungen?«
Erstdruck. Im Verzeichnis datiert vom 1. 5. 66; die Handschrift im Heft trägt den Hinweis »Endgültige Fassung« und das gleiche Datum.

45 »Herbeigewehte«
Erstdruck. Im Verzeichnis datiert vom 2. 5. 66; die Handschrift im Heft trägt das gleiche Datum und entspricht einer vom selben Tag datierten Handschrift auf losem Blatt mit dem Hinweis »Endgültige Fassung«.

46 »Lindenblättrige«
Erstdruck. Im Verzeichnis datiert vom 2. 5. 66; die Handschrift im Heft trägt den Hinweis »Endgültige Fassung« und das gleiche Datum.

* * *

49 »Um dein Gesicht«
Erstdruck. Die Handschrift auf losem Blatt mit dem Hinweis »Endgültige Fassung« ist vom 2. 3. 66 datiert.

50 »Flüssiges Gold«
Erstdruck. Die Handschrift auf losem Blatt mit dem Hinweis »Endgültige Fassung« ist vom 8. 3. 66 datiert. Auf einer der ersten Handschriften dieses Gedichts steht neben einem »i« (wahrscheinlich für das französische Wort »idée«) die Anmer-

kung: »die Poesie: hinter die unzählbaren Wortschatten zurückgetreten – in die unauslöschliche Freiheit«.

51 »Angefochtener«
Die Handschrift auf losem Blatt mit dem Hinweis »Endgültige Fassung« ist vom 17. 3. 66 datiert. Vgl. in: »Eingedunkelt«, S. 13, mit folgenden Korrekturen:
- die gesamte erste Zeile wird zum Titel
- die Zeilen 2 und 3 sind anders gestaltet
- die zweite Strophe ist in drei Zeilen gestaltet, mit der Variante »das« statt »ein«.

52 »Eingedunkelt«
Die Handschrift auf losem Blatt mit dem Hinweis »Endgültige Fassung« ist vom 18. 3. 66 datiert. Vgl. in: »Eingedunkelt«, S. 14, unveränderte Wiedergabe.

53 »Die Atemlosigkeiten des Denkens«
Erstdruck. Die Handschrift auf losem Blatt mit dem Hinweis »Endgültige Fassung« ist vom 18. 3. 66 datiert.

54 »Kantige«
Erstdruck. Die Handschrift auf losem Blatt mit dem Hinweis »Endgültige Fassung« ist vom 21. 3. 66 datiert.

55 »Unterhöhlt«
Erstdruck. Die Handschrift auf losem Blatt mit dem Hinweis »Endgültige Fassung« ist vom 26. 3. 66 datiert.

56 »Vor Scham«
Erstdruck. Die Handschrift auf losem Blatt ist vom 26. 3. 66 datiert. Das Fehlen des Schlußpunktes scheint bewußt zu sein.

57 »Im Kreis«
Erstdruck. Die Handschrift auf losem Blatt mit dem Hinweis »Endgültige Fassung« ist vom 30. 3. 66 datiert.

ALPHABETISCHES VERZEICHNIS DER GEDICHTANFÄNGE

COPYRIGHTNACHWEISE

INHALT

EINGEDUNKELT

GEDICHTE AUS DEM UMKREIS VON EINGEDUNKELT

ANHANG

Von Paul Celan sind u. a. im Suhrkamp Verlag erschienen:

Gesammelte Werke in fünf Bänden. Herausgegeben von Beda Allemann und Stefan Reichert unter Mitwirkung von Rolf Bücher. 1983 (auch: *st 1331-1332*. 1986)

Werke. Historisch-kritische Ausgabe. I. Abteilung: Lyrik und Prosa. Besorgt von der Bonner Arbeitsstelle für die Celan-Ausgabe: Beda Allemann, Rolf Bücher, Axel Gellhaus, Stefan Reichert. Band 7: Atemwende. Herausgegeben von Rolf Bücher. Band 7.1: Text. Band 7.2: Apparat. 1990

Das Frühwerk. Herausgegeben von Barbara Wiedemann. 1989

Atemkristall. Schwarzmaut. Radierungen von Gisèle Celan-Lestrange. Zwei Bände in Leinenkassette. Einmalige numerierte Ausgabe in 980 Exemplaren. Faksimile. 1990